Vorwort

Die Welt erwacht im neuen Glanz, es ist wieder Frühling.
Wer bekommt da nicht Lust auf frische Küche und
ansprechende Rezepte? Zusammen mit dem neuen
Thermomix TM5 ist alles schnell und gelingsicher
zubereitet. Alle Rezepte sind aber auch für die übrigen
Thermomix Geräte anwendbar. Lassen Sie sich von den
Frühlingsgefühlen verführen.

Ich wünsche Ihnen viel Spaß mit meinem Buch.

Inhaltsangabe

Schokoladen Pudding
Eierlikör Pudding
Erdbeer Pudding
Kiwi Eis am Stiel
Heidelbeer Eis am Stiel
Erdbeer Eis am Stiel
Bananen Erdnuss Eis am Stiel
Orangen Eis am Stiel
Kokos Ananas Eis am Stiel
Kürbissuppe
Spargelcreme Suppe
Knoblauchcreme Suppe
Lauchcreme Suppe
Brokkolicreme Suppe
Paprika Tomaten Suppe

Nachtrag zum Impressum/
Copyright

Erdbeer Smoothie

Zutaten
300 g Erdbeeren, gewaschen
80 g Zucker
400 g Joghurt
1 EL Sahne
100 g Mineralwasser
10 Eiswürfel

Zubereitung
Alle Zutaten in den Mixtopf geben und auf Stufe 5/ 30
Sekunden mischen. Nochmals alles nach unten schieben
und 20 Sekunden / Stufe 10. Umfüllen und genießen.

Mango Heidelbeer Smoothie

Zutaten
300 g Mango, in Stücken
100 g Heidelbeere
80 g Zucker
300 g Molke
10 Eiswürfel

Zubereitung
Alle Zutaten in den Mixtopf geben und auf Stufe 5/ 30 Sekunden mischen. Nochmals alles nach unten schieben und 20 Sekunden / Stufe 10. Umfüllen und genießen.

Grüner Power Smoothie

Zutaten
150 g Kiwi, in Stücken
½ Salatgurke
1 Apfel, geviertelt
50 g Salat
80 g Zucker
1 Prise Salz
1 Prise Pfeffer
400 g Joghurt
1 EL Sahne
100 g Mineralwasser
10 Eiswürfel

Zubereitung
Alle Zutaten in den Mixtopf geben und auf Stufe 5/ 30
Sekunden mischen. Nochmals alles nach unten schieben
und 20 Sekunden / Stufe 10. Umfüllen und genießen.

Wassermelonen Smoothie

Zutaten
300 g Wassermelone, in Stücken
80 g Zucker
20 g Honig
1 TL Vanille Zucker
1 EL Zitronensaft
100 g Mineralwasser
10 Eiswürfel

Zubereitung
Alle Zutaten in den Mixtopf geben und auf Stufe 5/ 30
Sekunden mischen. Nochmals alles nach unten schieben
und 20 Sekunden / Stufe 10. Umfüllen und genießen.

Möhren Muffins

Zutaten
200 g Butter
150 g Möhren, in Stücken
200 g Zucker
50 g Zucker braun
1 Pck. Backpulver
4 Eier
1 Pck. Vanillezucker
200 g Mehl
150 g Walnüsse gehackt
1 Prise Zimt
100 g Milch

Zubereitung

Alle Zutaten in den Mixtopf geben und auf Stufe 10/ 50 Sekunden mixen. Ein Muffinblech mit Papierformen auskleiden und zu einem Drittel mit Teig füllen. Bei 200 Grad ca. 18 bis 20 Minuten backen.

Schoko Walnuss Muffins

Zutaten
200 g Butter
150 g Schokolade zerkleinert
200 g Zucker
50 g Zucker braun
1 Pck. Backpulver
4 Eier
1 Pck. Vanillezucker
200 g Mehl
1 EL Kakaopulver
150 g Walnüsse gehackt
1 Prise Zimt
100 g Milch

Zubereitung
Alle Zutaten in den Mixtopf geben und auf Stufe 5/ 50
Sekunden mixen. Ein Muffinblech mit Papierformen
auskleiden und zu einem Drittel mit Teig füllen. Bei 200
Grad ca. 18 bis 20 Minuten backen.

Frühlings Butterplätzchen

Zutaten
200 g weiche Butter
1 Pck. Vanillezucker
150 g Zucker
330 g Mehl
100 g Speisestärke
1 Ei
1 EL Zitronensaft

Verzierung
Nach Belieben, zum Beispiel Glasur,
Zuckerartikel, Schokoladenartikel

Zubereitung
Alle Teigzutaten in den Mixtopf geben. Auf Stufe 5/ 30
Sekunden mixen, danach auf Teigstufe 2 Minuten kneten.
1 Stunde in den Kühlschrank stellen. Auf eine mit Mehl
bestäubten Fläche ausrollen und Plätzchen ausstechen.
Auf ein mit Backpapier ausgelegtes Blech geben. Bei 180
Grad ca. 18 Minuten backen. Nach Belieben verzieren.

Baiser

Zutaten
4 Eiweiße
200 g Zucker

Die Eiweiße in den Mixtopf füllen und den Schmetterling
einsetzen. 7 Minuten auf Stufe 4 schlagen. Den Zucker
vorsichtig einrieseln lassen und nochmals 2 Minuten auf
Stufe 2 mischen. Den Schmetterling entfernen und die
Masse in einen Spritzbeutel füllen. Ein Backblech mit
Backpapier belegen und die Masse dekorativ hinauf
geben. Für ca. 120 Minuten bei 100 Grad trocknen. Der
Ofen muss hierbei nicht vorgeheizt werden.

Erdbeer Baiser

Zutaten
4 Eiweiße
180 g Zucker
50 g Erdbeermilch Pulver

Die Eiweiße in den Mixtopf füllen und den Schmetterling einsetzen. 7 Minuten auf Stufe 4 schlagen. Den Zucker und das Erdbeermilchpulver vorsichtig einrieseln lassen und nochmals 2 Minuten auf Stufe 2 mischen. Den Schmetterling entfernen und die Masse in einen Spritzbeutel füllen. Ein Backblech mit Backpapier belegen und die Masse dekorativ hinauf geben. Für ca. 120 Minuten bei 100 Grad trocknen. Der Ofen muss hierbei nicht vorgeheizt werden.

Pfefferminz Baiser

Zutaten
4 Eiweiße
200 g Zucker
1 TL Pfefferminzblätter, gemahlen

Die Eiweiße in den Mixtopf füllen und den Schmetterling einsetzen. 7 Minuten auf Stufe 4 schlagen. Den Zucker und die Pfefferminzblätter vorsichtig einrieseln lassen und nochmals 2 Minuten auf Stufe 2 mischen. Den Schmetterling entfernen und die Masse in einen Spritzbeutel füllen. Ein Backblech mit Backpapier belegen und die Masse dekorativ hinauf geben. Für ca. 120 Minuten bei 100 Grad trocknen. Der Ofen muss hierbei nicht vorgeheizt werden.

Zitronen Baiser

Zutaten
4 Eiweiße
200 g Zucker
1 TL Zitronenschale
1 TL Zitronensaft

Die Eiweiße in den Mixtopf füllen und den Schmetterling
einsetzen. 7 Minuten auf Stufe 4 schlagen. Den Zucker,
Zitronenschale und Zitronensaft vorsichtig einrieseln
lassen und nochmals 2 Minuten auf Stufe 2 mischen. Den
Schmetterling entfernen und die Masse in einen
Spritzbeutel füllen. Ein Backblech mit Backpapier
belegen und die Masse dekorativ hinauf geben. Für ca.
120 Minuten bei 100 Grad trocknen. Der Ofen muss
hierbei nicht vorgeheizt werden.

Eierlikör Macarons

Zutaten
Macaronschalenteig
125 g gemahlene weiße Mandeln
150 g Puderzucker
100 g Zucker, fein
4 Eiweiße

Füllung
250 g Butter
2 EL Eierlikör
1 EL Schnaps
140 g Puderzucker
160 g Mandeln, gemahlen

Zubereitung

Wir beginnen mit den Macaronschalen.

Mandeln und Puderzucker in den Mixtopf geben und nochmals auf Stufe 10/ 15 Sekunden mahlen. In eine Schüssel umfüllen.

Den Topf reinigen. Den Schmetterling einsetzen und das Eiweiß einfüllen. Auf Stufe 4/ ca. 2 Minuten steif schlagen. Den Schmetterling entfernen. Nun die übrigen Teigzutaten hinzugeben. Wer mag, kann noch ein paar Tropfen Lebensmittelfarbe hinzugeben. Auf Stufe 2/ 15 Sekunden rühren. Die Masse in einem Spritzbeutel umfüllen. Ein Backblech mit Backpapier belegen. Die Masse portionsweise mit dem Spritzbeutel auf das Blech setzen. Die Masse bei 150 Grad Umluft ca. 15 Minuten backen. Die Schalen abkühlen lassen.

Füllung

Alle Zutaten für die Füllung in den sauberen Mixtopf geben. Auf Stufe 5/ 30 Sekunden schlagen. Man braucht eine Macaronschale als Oberteil und eine als Unterteil. Die Schalen mit der Masse füllen und kaltstellen.

Erdbeer Macarons

Zutaten
Macaronschalenteig
125 g gemahlene weiße Mandeln
150 g Puderzucker
100 g Zucker, fein
4 Eiweiße

Füllung
250 g Butter
2 EL Erdbeermarmelade
140 g Puderzucker
160 g Mandeln, gemahlen

Zubereitung
Wir beginnen mit den Macaronschalen.
Mandeln und Puderzucker in den Mixtopf geben und
nochmals auf Stufe 10/ 15 Sekunden mahlen. In eine
Schüssel umfüllen.
Den Topf reinigen. Den Schmetterling einsetzen und das
Eiweiß einfüllen. Auf Stufe 4/ ca. 2 Minuten steif
schlagen. Den Schmetterling entfernen. Nun die übrigen
Teigzutaten hinzugeben. Wer mag, kann noch ein paar
Tropfen Lebensmittelfarbe hinzugeben. Auf Stufe 2/ 15
Sekunden rühren. Die Masse in einem Spritzbeutel
umfüllen. Ein Backblech mit Backpapier belegen. Die
Masse portionsweise mit dem Spritzbeutel auf das Blech
setzen. Die Masse bei 150 Grad Umluft ca. 15 Minuten
backen. Die Schalen abkühlen lassen.

Füllung
Alle Zutaten für die Füllung in den sauberen Mixtopf
geben. Auf Stufe 5/ 30 Sekunden schlagen. Man braucht
eine Macaronschale als Oberteil und eine als Unterteil.
Die Schalen mit der Masse füllen und kaltstellen.

Pistazien Macarons

Zutaten
Macaronschalenteig
125 g gemahlene weiße Mandeln
150 g Puderzucker
100 g Zucker, fein
4 Eiweiße

Füllung
250 g Butter
2 EL Amaretto
140 g Puderzucker
160 g Pistazien, gemahlen

Zubereitung

Wir beginnen mit den Macaronschalen.

Mandeln und Puderzucker in den Mixtopf geben und nochmals auf Stufe 10/ 15 Sekunden mahlen. In eine Schüssel umfüllen.

Den Topf reinigen. Den Schmetterling einsetzen und das Eiweiß einfüllen. Auf Stufe 4/ ca. 2 Minuten steif schlagen. Den Schmetterling entfernen. Nun die übrigen Teigzutaten hinzugeben. Wer mag, kann noch ein paar Tropfen Lebensmittelfarbe hinzugeben. Auf Stufe 2/ 15 Sekunden rühren. Die Masse in einem Spritzbeutel umfüllen. Ein Backblech mit Backpapier belegen. Die Masse portionsweise mit dem Spritzbeutel auf das Blech setzen. Die Masse bei 150 Grad Umluft ca. 15 Minuten backen. Die Schalen abkühlen lassen.

Füllung

Alle Zutaten für die Füllung in den sauberen Mixtopf geben. Auf Stufe 5/ 30 Sekunden schlagen. Man braucht eine Macaronschale als Oberteil und eine als Unterteil. Die Schalen mit der Masse füllen und kaltstellen.

Orangen Macarons

Zutaten
Macaronschalenteig
125 g gemahlene weiße Mandeln
150 g Puderzucker
100 g Zucker, fein
4 Eiweiße
20 g fein geriebene Orangenschale

Füllung
250 g Butter
20 g fein geriebene Orangenschale
40 g Orangenmarmelade
140 g Puderzucker
160 g Mandeln, gemahlen

Zubereitung
Wir beginnen mit den Macaronschalen.
Mandeln und Puderzucker in den Mixtopf geben und
nochmals auf Stufe 10/ 15 Sekunden mahlen. In eine
Schüssel umfüllen.

Den Topf reinigen. Den Schmetterling einsetzen und das Eiweiß einfüllen. Auf Stufe 4/ ca. 2 Minuten steif schlagen. Den Schmetterling entfernen. Nun die übrigen Teigzutaten hinzugeben. Wer mag, kann noch ein paar Tropfen Lebensmittelfarbe hinzugeben. Auf Stufe 2/ 15 Sekunden rühren. Die Masse in einem Spritzbeutel umfüllen. Ein Backblech mit Backpapier belegen. Die Masse portionsweise mit dem Spritzbeutel auf das Blech setzen. Die Masse bei 150 Grad Umluft ca. 15 Minuten backen. Die Schalen abkühlen lassen.

Füllung

Alle Zutaten für die Füllung in den sauberen Mixtopf geben. Auf Stufe 5/ 30 Sekunden schlagen. Man braucht eine Macaronschale als Oberteil und eine als Unterteil. Die Schalen mit der Masse füllen und kaltstellen.

Eierlikör Donuts

Zutaten
2 Pck. Trockenhefe
50 g Wasser, lauwarm
1 TL Zucker
820 g Mehl
120 g Zucker
1 Pck. Vanillezucker
1 TL Salz
350 g Milch, lauwarm
50 g Eierlikör
70 g Butter, weich
2 Eier

Frittieren
500 g Sonnenblumenöl

Verzierungen
Frei nach Wunsch Zuckerguss, Schokolade, Streusel etc.

Zubereitung
Hefe, Zucker und Wasser in den Mixtopf geben. Auf
Stufe 2 / 10 Sekunden mischen. Nun die übrigen Zutaten
hinzugeben und auf Teigstufe 2 Minuten kneten. Ab und
zu den Teig etwas nach unten schieben.
Den Teig in eine Schüssel geben und 1 Stunde ruhen
lassen. Aus den Teig ca. 16 Bälle formen und auf eine
bemehlte Fläche geben. Flachdrücken und mit der Hand
mittig jeweils eine Mulde drücken. Mit einem
Schnapsglas ausstechen, so dass ein Ring entsteht.
Wieder eine Stunde gehen lassen. Das Öl in einen Topf
geben und erhitzen. Die Donuts nacheinander hellbraun
abbacken. Abkühlen lassen und verzieren.

Erdbeer Donuts

Zutaten
2 Pck. Trockenhefe
50 g Wasser, lauwarm
1 TL Zucker
820 g Mehl
120 g Zucker
1 Pck. Vanillezucker
1 TL Salz
350 g Milch, lauwarm
50 g Erdbeermarmelade
2 EL Erdbeermilchpulver
70 g Butter, weich
2 Eier

Frittieren
500 g Sonnenblumenöl

Verzierungen
Frei nach Wunsch Zuckerguss, Schokolade, Streusel etc.

Zubereitung
Hefe, Zucker und Wasser in den Mixtopf geben. Auf
Stufe 2 / 10 Sekunden mischen. Nun die übrigen Zutaten
hinzugeben und auf Teigstufe 2 Minuten kneten. Ab und
zu den Teig etwas nach unten schieben.
Den Teig in eine Schüssel geben und 1 Stunde ruhen
lassen. Aus den Teig ca. 16 Bälle formen und auf eine
bemehlte Fläche geben. Flachdrücken und mit der Hand
mittig jeweils eine Mulde drücken. Mit einem
Schnapsglas ausstechen, so dass ein Ring entsteht.
Wieder eine Stunde gehen lassen. Das Öl in einen Topf
geben und erhitzen. Die Donuts nacheinander hellbraun
abbacken. Abkühlen lassen und verzieren.

Bananen Donuts

Zutaten
2 Pck. Trockenhefe
50 g Wasser, lauwarm
1 TL Zucker
820 g Mehl
120 g Zucker
1 Pck. Vanillezucker
1 TL Salz
350 g Milch, lauwarm
1 zerdrückte Banane
70 g Butter, weich
2 Eier

Frittieren
500 g Sonnenblumenöl

Verzierungen
Frei nach Wunsch Zuckerguss, Schokolade, Streusel etc.

Zubereitung
Hefe, Zucker und Wasser in den Mixtopf geben. Auf
Stufe 2 / 10 Sekunden mischen. Nun die übrigen Zutaten
hinzugeben und auf Teigstufe 2 Minuten kneten. Ab und
zu den Teig etwas nach unten schieben.
Den Teig in eine Schüssel geben und 1 Stunde ruhen
lassen. Aus den Teig ca. 16 Bälle formen und auf eine
bemehlte Fläche geben. Flachdrücken und mit der Hand
mittig jeweils eine Mulde drücken. Mit einem
Schnapsglas ausstechen, so dass ein Ring entsteht.

Schokoladen Donuts

Zutaten
2 Pck. Trockenhefe
50 g Wasser, lauwarm
1 TL Zucker
820 g Mehl
120 g Zucker
1 Pck. Vanillezucker
1 TL Salz
350 g Milch, lauwarm
50 g Kakaopulver
70 g Butter, weich
2 Eier

Frittieren
500 g Sonnenblumenöl

Verzierungen
Frei nach Wunsch Zuckerguss, Schokolade, Streusel etc.

Zubereitung
Hefe, Zucker und Wasser in den Mixtopf geben. Auf
Stufe 2 / 10 Sekunden mischen. Nun die übrigen Zutaten
hinzugeben und auf Teigstufe 2 Minuten kneten. Ab und
zu den Teig etwas nach unten schieben.
Den Teig in eine Schüssel geben und 1 Stunde ruhen
lassen. Aus den Teig ca. 16 Bälle formen und auf eine
bemehlte Fläche geben. Flachdrücken und mit der Hand
mittig jeweils eine Mulde drücken. Mit einem
Schnapsglas ausstechen, so dass ein Ring entsteht.

Zitronen Cupcake

Zutaten
Teig
180 g Zucker
180 g Butter
180 g Mehl
1 Päckchen Vanillinzucker
3 Eier
1 1/2 TL Backpulver
Saft einer Zitrone
Schale einer Zitrone
30 g Haselnüsse, gemahlen

Topping
250 g Butter
200 g Puderzucker
400 g Frischkäse natur
1 EL Zitronensaft

Dekor
Streusel, Lebensmittelfarbe, Schokolade je nach Vorliebe

Zubereitung
Den Backofen auf 180 Grad Ober und Unterhitze
vorheizen. Die Zutaten für den Teig in den Mixtopf
geben. Auf Stufe 5 / 50 Sekunden zerkleinern. Ein
Muffinblech mit Papierförmchen auskleiden und jeweils
zu zwei Dritteln mit Teig füllen. Etwa 20 bis 25 Minuten
goldbraun backen. Abkühlen lassen. Den Mixtopf spülen
und die Zutaten für das Topping hineingeben. Auf Stufe
2 / 1 Minute mischen. 1 Stunde im Kühlschrank erhärten
lassen. In einen Spritzbeutel füllen und auf die Küchlein
geben. Eventuell noch mit weiteren Dekor Artikeln
garnieren.

Erdbeer Cupcake

Zutaten
Teig
180 g Zucker
180 g Butter
180 g Mehl
1 Päckchen Vanillinzucker
3 Eier
1 1/2 TL Backpulver
50 g Erdbeermarmelade
30 g Haselnüsse, gemahlen

Topping
250 g Butter
200 g Puderzucker
30 g Erdbeermilchpulver
1 Pck. Vanille Zucker
400 g Frischkäse natur
1 EL Zitronensaft

Dekor
Streusel, Lebensmittelfarbe, Schokolade je nach Vorliebe

Zubereitung
Den Backofen auf 180 Grad Ober und Unterhitze
vorheizen. Die Zutaten für den Teig in den Mixtopf
geben. Auf Stufe 5 / 50 Sekunden zerkleinern. Ein
Muffinblech mit Papierförmchen auskleiden und jeweils
zu zwei Dritteln mit Teig füllen. Etwa 20 bis 25 Minuten
goldbraun backen. Abkühlen lassen. Den Mixtopf spülen
und die Zutaten für das Topping hineingeben. Auf Stufe
2 / 1 Minute mischen. 1 Stunde im Kühlschrank erhärten
lassen. In einen Spritzbeutel füllen und auf die Küchlein
geben. Eventuell noch mit weiteren Dekor Artikeln
garnieren.

Vanille Cupcake

Zutaten
Teig
180 g Zucker
180 g Butter
180 g Mehl
1 Päckchen Vanillinzucker
3 Eier
1 1/2 TL Backpulver
30 g Haselnüsse, gemahlen

Topping
250 g Butter
200 g Puderzucker
400 g Frischkäse natur
Mark einer Vanilleschote
1 Pck. Vanille Zucker

Dekor
Streusel, Lebensmittelfarbe, Schokolade je nach Vorliebe

Zubereitung
Den Backofen auf 180 Grad Ober und Unterhitze
vorheizen. Die Zutaten für den Teig in den Mixtopf
geben. Auf Stufe 5 / 50 Sekunden zerkleinern. Ein
Muffinblech mit Papierförmchen auskleiden und jeweils
zu zwei Dritteln mit Teig füllen. Etwa 20 bis 25 Minuten
goldbraun backen. Abkühlen lassen. Den Mixtopf spülen
und die Zutaten für das Topping hineingeben. Auf Stufe
2 / 1 Minute mischen. 1 Stunde im Kühlschrank erhärten
lassen. In einen Spritzbeutel füllen und auf die Küchlein
geben. Eventuell noch mit weiteren Dekor Artikeln
garnieren.

Kaffee Cupcake

Zutaten
Teig
180 g Zucker
180 g Butter
180 g Mehl
1 Päckchen Vanillinzucker
3 Eier
3 EL Kaffe Instantpulver
1 1/2 TL Backpulver
30 g Haselnüsse, gemahlen

Topping
250 g Butter
200 g Puderzucker
400 g Frischkäse natur
1 EL Kaffe Instantpulver
Mark einer Vanilleschote
1 Pck. Vanille Zucker

Dekor
Streusel, Lebensmittelfarbe, Schokolade je nach Vorliebe

Zubereitung
Den Backofen auf 180 Grad Ober und Unterhitze
vorheizen. Die Zutaten für den Teig in den Mixtopf
geben. Auf Stufe 5 / 50 Sekunden zerkleinern. Ein
Muffinblech mit Papierförmchen auskleiden und jeweils
zu zwei Dritteln mit Teig füllen. Etwa 20 bis 25 Minuten
goldbraun backen. Abkühlen lassen. Den Mixtopf spülen
und die Zutaten für das Topping hineingeben. Auf Stufe
2 / 1 Minute mischen. 1 Stunde im Kühlschrank erhärten
lassen. In einen Spritzbeutel füllen und auf die Küchlein
geben. Eventuell noch mit weiteren Dekor Artikeln
garnieren.

Zitronen Cookies

Zutaten
390 g Mehl
1 TL Salz
250 g weiche Butter
200 g Zucker
100 g brauner Zucker
2 TL Vanillezucker
2 Eier
abgeriebene Schale einer Bio Zitrone
2 EL Zitronensaft
1 EL bunte Zuckerstreusel

Zubereitung

Den weißen Zucker in den Mixtopf geben. Auf Stufe 10/ 20 Sekunden mahlen. Nun Mehl und Butter hinzugeben und nochmals auf Stufe 5/ 1 Minute mischen. Die übrigen Zutaten hinzufügen und auf Stufe 5/ 30 Sekunden mischen. Ein Backblech mit Backpapier belegen. Mit 2 Teelöffeln immer ein Löffelchen Teig auf das Papier geben. Etwas Abstand halten, da die Kleckse noch zerlaufen. Den Backofen auf 180 Grad Ober und Unterhitze einschalten. Das Backblech mit dem Teig hinein geben und ca. 15 Minuten backen. Auskühlen lassen.

Schokoladen Cookies

Zutaten
390 g Mehl
1 TL Salz
250 g weiche Butter
200 g Zucker
100 g brauner Zucker
2 TL Vanillezucker
2 Eier
50 g Kakaopulver
3 EL Milch

Zubereitung

Den weißen Zucker in den Mixtopf geben. Auf Stufe 10/ 20 Sekunden mahlen. Nun Mehl und Butter hinzugeben und nochmals auf Stufe 5/ 1 Minute mischen. Die übrigen Zutaten hinzufügen und auf Stufe 5/ 30 Sekunden mischen. Ein Backblech mit Backpapier belegen. Mit 2 Teelöffeln immer ein Löffelchen Teig auf das Papier geben. Etwas Abstand halten, da die Kleckse noch zerlaufen. Den Backofen auf 180 Grad Ober und Unterhitze einschalten. Das Backblech mit dem Teig hinein geben und ca. 15 Minuten backen. Auskühlen lassen.

Schokoladen Pudding

Zutaten
100 g Schokolade
500 g Milch
1 Pck. Vanille Zucker
40 g Speisestärke
10 g Butter
80 g Zucker

Zubereitung
Zuerst die Schokolade in den Mixtopf geben. Auf Stufe
10 / 5 Sekunden zerkleinern. Nun die übrigen Zutaten
hinzugeben. Nochmals auf Stufe 10 / 5 Sekunden
zerkleinern. Auf Stufe 2 / 100 Grad / 8 Minuten kochen.
Umfüllen und erkalten lassen. Guten Appetit!

Eierlikör Pudding

Zutaten
100 g Eierlikör
400 g Milch
100 g Sahne
1 Pck. Vanille Zucker
45 g Speisestärke
10 g Butter
80 g Zucker

Zubereitung
Alle Zutaten in den Mixtopf geben und auf Stufe 10 / 5
Sekunden zerkleinern. Auf Stufe 2 / 100 Grad / 8
Minuten kochen. Umfüllen und erkalten lassen. Guten
Appetit!

Erdbeer Pudding

Zutaten
100 g Erdbeeren
400 g Milch
100 g Sahne
1 Pck. Vanille Zucker
42 g Speisestärke
10 g Butter
80 g Zucker

Zubereitung
Zuerst die Erdbeeren

in den Mixtopf geben. Auf Stufe 10 / 5 Sekunden zerkleinern. Nun die übrigen Zutaten hinzugeben. Nochmals auf Stufe 10 / 5 Sekunden zerkleinern. Auf Stufe 2 / 100 Grad / 8 Minuten kochen. Umfüllen und erkalten lassen. Guten Appetit!

Kiwi Eis am Stiel

Zutaten
200 g Kiwi, geschält
300 g Apfelsaft
50 g Zucker

Zubereitung
Alle Zutaten zusammen in den Mixtopf geben und auf
Stufe 5 / 1 Minute mischen. Die Masse in eine Eisform
füllen und die Stiele hineingeben. Mindestens 5 Stunden
einfrieren. Guten Appetit!

Heidelbeer Eis am Stiel

Zutaten
200 g Heidelbeeren
300 g Traubensaft
80 g Zucker

Zubereitung
Alle Zutaten zusammen in den Mixtopf geben und auf
Stufe 5 / 1 Minute mischen. Die Masse in eine Eisform
füllen und die Stiele hineingeben. Mindestens 5 Stunden
einfrieren. Guten Appetit!

Erdbeer Eis am Stiel

Zutaten
200 g Erdbeeren
300 g Orangensaft
80 g Zucker

Zubereitung
Alle Zutaten zusammen in den Mixtopf geben und auf
Stufe 5 / 1 Minute mischen. Die Masse in eine Eisform
füllen und die Stiele hineingeben. Mindestens 5 Stunden
einfrieren. Guten Appetit!

Bananen Erdnuss Eis am Stiel

Zutaten
2 Bananen
150 g Milch
50 g Erdnussbutter
50 g Honig
1 Prise Salz

Zubereitung
Alle Zutaten zusammen in den Mixtopf geben und auf
Stufe 5 / 1 Minute mischen. Die Masse in eine Eisform
füllen und die Stiele hineingeben. Mindestens 5 Stunden
einfrieren. Guten Appetit!

Orangen Eis am Stiel

Zutaten
200 g Orangen, in Stücken
300 g Orangensaft
80 g Zucker

Zubereitung
Alle Zutaten zusammen in den Mixtopf geben und auf
Stufe 5 / 1 Minute mischen. Die Masse in eine Eisform
füllen und die Stiele hineingeben. Mindestens 5 Stunden
einfrieren. Guten Appetit!

Kokos Ananas Eis am Stiel

Zutaten
200 g Ananas, in Stücken
300 g Kokosmilch
50 g Kokosraspeln
80 g Zucker

Zubereitung
Alle Zutaten zusammen in den Mixtopf geben und auf
Stufe 5 / 1 Minute mischen. Die Masse in eine Eisform
füllen und die Stiele hineingeben. Mindestens 5 Stunden
einfrieren. Guten Appetit!

Kürbissuppe

Zutaten
500 g Kürbisfleisch
400 g Wasser
2 Knoblauchzehen, gepresst
½ Bund Petersilie
1 Becher Sahne
30 g Butter
1 Prise Muskat
Salz und Pfeffer nach Geschmack
1 Prise Chili

Zubereitung

Alle Zutaten außer der Sahne in den Mixtopf einwiegen. Auf Stufe 2 / Varomastufe / 30 Minuten erhitzen. Die Sahne hinzugeben und auf Stufe 10 / 30 Sekunden zerkleinern. Eventuell nochmals nachwürzen und servieren.

Spargelcreme Suppe

Zutaten
500 g Spargel, grün
400 g Wasser
1 Becher Sahne
Saft einer Zitrone
1 Prise Zucker
30 g Butter
1 Prise Muskat
Salz und Pfeffer nach Geschmack

Zubereitung
Alle Zutaten außer der Sahne in den Mixtopf einwiegen.
Auf Stufe 2 / Varomastufe / 30 Minuten erhitzen. Die
Sahne hinzugeben und auf Stufe 10 / 30 Sekunden
zerkleinern. Eventuell nochmals nachwürzen und
servieren.

Knoblauchcreme Suppe

Zutaten
400 g Kartoffeln, geschält und halbiert
300 g Wasser
8 Knoblauchzehen, gepresst
½ Bund Petersilie
½ Bund Schnittlauch
1 Becher Sahne
30 g Butter
Salz und Pfeffer nach Geschmack

Zubereitung
Alle Zutaten außer der Sahne in den Mixtopf einwiegen.
Auf Stufe 2 / Varomastufe / 30 Minuten erhitzen. Die
Sahne hinzugeben und auf Stufe 10 / 30 Sekunden
zerkleinern. Eventuell nochmals nachwürzen und
servieren.

Lauchcreme Suppe

Zutaten
500 g Lauch, in Stücken
400 g Wasser
1 Becher Sahne
200 g Frischkäse
30 g Butter
1 Prise Muskat
Salz und Pfeffer nach Geschmack
2 TL Zwiebelpulver

Zubereitung
Alle Zutaten außer der Sahne und Frischkäse in den
Mixtopf einwiegen. Auf Stufe 2 / Varomastufe / 30
Minuten erhitzen. Die Sahne und den Frischkäse
hinzugeben und auf Stufe 10 / 30 Sekunden zerkleinern.
Eventuell nochmals nachwürzen und servieren.

Brokkolicreme Suppe

Zutaten
500 g Brokkoli
400 g Wasser
2 Knoblauchzehen, gepresst
1 Becher Sahne
50 g Butter
1 Prise Muskat
Salz und Pfeffer nach Geschmack

Zubereitung
Alle Zutaten außer der Sahne in den Mixtopf einwiegen.
Auf Stufe 2 / Varomastufe / 30 Minuten erhitzen. Die
Sahne hinzugeben und auf Stufe 10 / 30 Sekunden
zerkleinern. Eventuell nochmals nachwürzen und
servieren.

Paprika Tomaten Suppe

Zutaten
250 g Paprika, gelb und rot
250 g Tomaten
3 Kartoffeln, geschält und halbiert
400 g Wasser
2 Knoblauchzehen, gepresst
½ Bund Petersilie
30 g Butter
30 g Sahne
1 Prise Muskat
1 TL Zucker
1 TL Basilikum, getrocknet
Salz und Pfeffer nach Geschmack

Zubereitung
Alle Zutaten außer der Sahne in den Mixtopf einwiegen.
Auf Stufe 2 / Varomastufe / 30 Minuten erhitzen. Die
Sahne hinzugeben und auf Stufe 10 / 30 Sekunden
zerkleinern. Eventuell nochmals nachwürzen und
servieren.

Nachtrag zum Impressum/

Copyright

Shutterstock.com
- Sinisha Kranich
- Ana Mari West
- haveseen
- Maria Komar
- Phonelawat
- iSchmidt
- Maxim Khytra
- Africa Studio
- Everything
- delpixel
- amero
- Bogdan Wadkowsky
- Ruth Black
- Ana Mari West
- Dragon Images
- Robyn Mackenzie
- kuvona

- joannawnuk
- Barbara Neveu
- Anna P. Habich
- Elena Shashkira
- Nicole Simonetto
- HL Photo
- Irene von der Majs
- CGissemann
- Handmade Pictures

Herstellung und Verlag:
BoD - Books on Demand, Norderstedt
ISBN 978-3-7347-5803-4